L'EUROPE DÉLIVRÉE

HISTOIRE PROPHÉTIQUE DE 1871 A 1892

PAR

GUSTAVE NAQUET

Ancien Rédacteur en chef du *Peuple*, de Marseille

PRIX: 25 CENTIMES

PARIS

ARMAND LE CHEVALIER, ÉDITEUR

61, RUE DE RICHELIEU, 61

1871

DÉDICACE.

Je dédie ce petit livre, fruit des pénibles loisirs que m'a faits la Terreur blanche à Marseille,

AUX RÉPUBLICAINS CORSES

qui m'ont soutenu, pendant mon court passage à la préfecture de la Corse, avec autant d'énergie que d'intelligence et de dévouement.

Je leur exprime en même temps les vœux que je forme pour qu'ils réussissent à guérir leur île de la honteuse lèpre du bonapartisme, maladie, du reste, plutôt cutanée qu'organique et que l'ignorance de la masse et la perfidie des anciens pensionnaires de la liste civile et de la police entretiennent malheureusement.

Je recommande aussi aux républicains Corses d'oublier leurs anciennes divisions de parti, de caste, de famille, pour ne songer qu'à assurer, en Corse, le triomphe de ces idées démocratiques pour lesquelles luttèrent autrefois les Sampiero et les Paoli. Qu'ils acceptent cette dédicace comme le souvenir sympathique de leur ancien préfet.

Gustave NAQUET.

L'EUROPE

DÉLIVRÉE.

CHAPITRE I.

LE 4 JUILLET 1892.

Ce devait être un grand jour pour toute l'Europe
que le 4 juillet 1892. On allait célébrer le cinquième
anniversaire du pacte fédéral qui avait constitué les
États-Unis d'Europe. C'était surtout un grand jour
pour la France, car si la date exacte de la première
proclamation de la République (22 septembre 1792)
ne se retrouvait pas, on pouvait toujours fêter le cen-
tenaire national de cet événement mémorable.

C'est pourquoi le Congrès européen avait, cette an-
née-là, choisi Paris comme lieu de réunion, ce qui
devait donner aux fêtes françaises un lustre, un éclat
extraordinaire. De plus, le président du congrès des
États-Unis d'Europe se trouvait être justement un
Français. Aussi les fêtes furent-elles exceptionnelle-
ment brillantes par toute la France et notamment
dans les grandes villes, telles que Paris, Lyon, Mar-

seille, Bordeaux, Lille, Nantes, Strasbourg, Rouen, Metz et même dans les petites comme Arles, Draguignan, Mulhouse, etc., etc. Banquets, discours, spectacles, illuminations, feux d'artifice, distributions de prix de travail et de vertu, rien n'y manqua !

Il en fut de même dans tous les autres États, savoir : Fédération britannique, Allemagne, Hongrie, Bohême, Pologne, Suède et Norwége, Italie, Espagne, Portugal, Suisse, Grèce, etc., etc. Nous ne mentionnons ni la Russie, ni la Turquie pour des raisons qui seront expliquées dans le courant de cette étude.

Ne pouvant ni décrire ni même énumérer toutes ces fêtes qui revêtaient dans chaque pays, suivant le génie des diverses nations, un caractère différent, il nous suffira, pour en donner une idée, d'exposer brièvement, comment ce grand jour du 4 juillet 1892 se passa à Paris.

Ce furent par toute la grande ville des divertissements populaires, des banquets dont un grand nombre avaient lieu dans les rues et sur les places publiques. Quant à la fête officielle, elle se résuma presque tout entière dans un repas offert aux Tuileries par le président du congrès des États-Unis d'Europe aux membres de ce congrès, parmi lesquels se trouvaient les présidents de quelques républiques d'Europe et les délégués de la Grande République des États-Unis d'Amérique et de diverses républiques de l'Amérique du Sud, notamment de celle du Mexique.

De nombreux toasts furent portés. Nous nous contenterons de reproduire celui du président du Congrès qui était en même temps, comme nous l'avons dit, délégué de la République Française.

« Citoyens :

« Prenant ici le premier la parole, je porte un toast « à l'*Europe délivrée* (Bravos enthousiastes).

« Il y a cent quinze ans aujourd'hui, que fut ins« tituée la République des États-Unis d'Amérique, « dont le développement et la prospérité ont exercé « une si grande influence sur l'établissement définitif « des États-Unis d'Europe, et je m'interromps tout de

« suite dans le développement de mon toast pour
« boire à la Grande République des États-Unis d'Amé-
« rique (*Bravos ! hurrahs ! Hopp ! Hopp !*)

« Je reprends, messieurs. Il y aura bientôt cent
« ans, que la République essaya de s'établir en France
« sur les ruines d'une monarchie décrépite et cor-
« rompue. Cet essai ne pouvait pas réussir et les ef-
« forts des rois, secondés par un conquérant oublieux
« de son origine et infidèle à sa mission, étouffèrent
« la première république sous le bruit des armes et la
« fumée de cette vaine gloire, qu'on nomme la gloire
« militaire.

« Un nouvel essai eut lieu en 1848 ; il échoua parce
« que les idées n'étaient pas encore suffisamment mû-
« res et que leur expansion normale fut arrêtée par la
« coalition des monarchiens, dont le neveu du conqué-
« rant se fit d'abord l'humble valet puis le maître,
« grâce à son attentat du 2 décembre 1851.

« Enfin, il y a vingt-deux ans, le fléau de la guerre
« fut déchaîné sur la France et sur l'Allemagne par les
« despotes qui savaient tromper les peuples pour mieux
« les exploiter et les asservir. La France fut envahie
« et démembrée.... » (*Silence solennel.*)

« *Le délégué de la République Allemande.* « J'inter-
« romps votre toast à mon tour et je bois à la République
« Française ! (*Bravos répétés, cris d'enthousiasme. On
« voit des vieillards qui pleurent, d'autres qui échan-
« gent des embrassements et des poignées de main.*)

« LE PRÉSIDENT DE LA FÉDÉRATION EUROPÉENNE.
« Merci de cette bonne et heureuse interruption ; je
« continue : Donc, il y a 22 ans que la France fut en-
« vahie et démembrée.

« Quoi d'étonnant à cela, puisque du côté de l'Al-
« lemagne tout avait été habillement préparé pour la
« victoire, et du côté de la France tout pour la défaite
« et pour la honte.

« C'est que la France avait été pendant près de
« vingt ans courbée sous un gouvernement crimi-
« nel et corrupteur, tandis que l'Allemagne avait à
« sa tête des hommes de valeur et d'énergie. C'est

« qu'en France le jésuitisme était tout-puissant, que
« peu de gens pouvaient ou savaient lire, tandis qu'en
« Allemagne l'instruction populaire et l'esprit d'examen
« étaient déjà en honneur. C'est qu'enfin l'armée, sys-
« tématiquement isolée de la nation, n'avait guère à
« sa tête que des courtisans, des *sujets*, comme on di-
« sait alors, ignorant la tactique militaire, la stratégie
« et même la géographie, et seulement préparés ou
« disposés à soutenir au besoin la guerre des rues
« contre les citoyens.

« La France vaincue fut rançonnée sans pudeur ni
« merci par un roi nommé Guillaume et par ses aco-
« lytes les Bismarck, les de Moltke, les Manteuffel.
« Le roi se fit empereur, le comte de Bismarck fut fait
« prince, tous ces gens-là se partagèrent les milliards
« extorqués à la France.

« Le peuple allemand fut-il plus heureux? Non!
« Tout au contraire. Il sentit peser plus lourdement
« sur lui le joug de ses oppresseurs. Les veuves et les
« orphelins firent entendre leurs gémissements. L'in-
« dustrie et le commerce souffrirent non-seulement de
« la brusque annexion de l'Alsace et de la Lorraine à
« l'Allemagne, mais encore des habitudes d'intempé-
« rance, de pillage et de paresse qu'avaient prises les
« hommes de la landwerh et de la landsturm. La mi-
« sère fit des progrès rapides. Le mécontentement
« devint général et le peuple allemand comprit qu'il
« était aussi malheureux après la guerre, quoique victo-
« rieux, que pouvait l'être le peuple vaincu.

« Dès lors, citoyens, le terrain était préparé. La Ré-
« publique fondée en France en 1870 et constituée
« définitivement en 1872, éclaira tous les pleuples. La
« Révolution se fit en cinq ou six ans et la République
« ayant été établie dans presque tous les États de l'Eu-
« rope, le pacte fédéral qui devait unir leurs intérêts
« et leurs droits, et rendre à jamais impossible le re-
« tour des grandes tueries, qui ont, pendant des siè-
« cles, sous le nom de guerres, ensanglanté l'Europe,
« ce pacte fédéral fut proclamé le 4 juillet 1887. Nous

« en célébrons ici le solennel anniversaire. Je bois
« donc à l'Europe délivrée ! »

Il faut renoncer à donner une idée de l'enthousiasme avec lequel ce toast fut accueilli. Les toasts qui
suivirent furent tous de courtoisie, mais celui qui fut
porté à la grande République des États-Unis d'Amérique fut celui qui eut le plus de succès. La réponse
du représentant de cette République mérite d'être
notée : « J'accepte, dit le délégué américain, j'accepte
« pour mon pays les éloges qu'on vient d'en faire et
« les témoignages d'estime et de reconnaissance qui
« lui sont adressés. Mais permettez-moi de le dire, il
« y a une République qui mérite aussi une mention
« exceptionnelle, c'est la République Suisse (Bravos
« prolongés). C'est elle qui, au milieu de votre Europe
« gangrenée par les monarchies, a su longtemps main-
« tenir, malgré sa faiblesse et son isolement, les droits
« populaires et les libertés qui sont les seules bases
« durables d'un ordre social digne de ce nom. Je porte
« donc un toast à la République des cantons Suisses. »

Après avoir imparfaitement et rapidement décrit la
fête mémorable du 4 juillet 1892, il nous reste à raconter les événements qui, dans un laps de temps de
15 années, avaient si complétement changé la face de
l'Europe. C'est ce que nous allons essayer de faire
dans les chapitres suivants.

CHAPITRE II.

LA RÉPUBLIQUE FRANÇAISE.

C'est en vain qu'après les désastres militaires préparés par l'ineptie et les malversations de l'empire et
de ses principaux coryphées, la République voulut or-
ganiser une résistance désespérée et soutenir jus-

qu'aux dernières extrémités la guerre qui lui était faite par un ennemi implacable. Les chefs de la République cherchaient sans pouvoir la retrouver la France de 1792. Ce grand pays avait perdu les traditions du dévouement, les ardeurs du patriotisme sous l'influence délétère des quatre gouvernements monarchiques qui s'étaient succédé depuis la Révolution.

Un armistice fut conclu dans le but de procéder, par toute la France, à des élections d'où sortirait une Assemblée nationale ayant pour mandat de décider souverainement de la paix ou de la guerre. Presque partout les électeurs se prononcèrent pour les candidats de la paix, sans trop s'inquiéter de savoir si ces candidats étaient républicains ou monarchistes. Mais ces derniers, furent les plus nombreux, car les républicains étaient généralement d'avis de continuer la guerre.

L'Assemblée fut formée dans des conditions exceptionnelles et contraires à toute espèce de loi électorale. Les délais ne furent pas observés pour la révision des listes électorales et les choix des électeurs n'eurent pas le temps d'être éclairés par les discussions de la presse et des réunions publiques. En outre, il fallut renoncer au scrutin de ballottage, ce qui dans un assez grand nombre de départements fit donner le mandat de député au candidat d'une minorité n'ayant sur les autres nuances d'opinions que l'avantage de la cohésion et de la discipline[1].

Cette Assemblée vota la paix et accepta des conditions tellement désastreuses que, la guerre continuée

---

1. On sait que les lois électorales ont toujours exigé que le candidat pour être élu obtînt la majorité des suffrages exprimés. Lorsque cette condition n'est pas remplie, un second tour de scrutin a lieu dans lequel les nuances d'opinion se fondent et se rapprochent, ce qui fait que le candidat élu représente exactement la moyenne de l'opinion de la majorité des électeurs. Or, cette seconde épreuve souvent plus sincère, plus sérieuse et plus solennelle que la première, ne put avoir lieu en 1870 et le résultat général des élections se trouva faussé.

n'aurait pu, quelle qu'en fût l'issue, aboutir à de plus irréparables malheurs.

En outre l'Assemblée, tout en constituant un gouvernement sous le nom de pouvoir exécutif de la République française, sembla incliner vers le rétablissement de la monarchie. Elle outragea Paris en refusant d'aller s'y installer et donna ainsi une sorte d'encouragement à ceux qui allaient tenter de greffer sur la République un système absurde de fédération communale. Une terrible guerre civile s'ensuivit entre Paris révolté et l'Assemblée nationale soutenue par l'armée et par les départements.

L'insurrection fut vaincue, non sans que des scélérats mêlés aux hommes politiques qui s'étaient embarqués dans cette aventure, eussent déshonoré leur cause par des crimes épouvantables.

L'Assemblée voulut profiter de sa victoire pour rétablir la monarchie, en adoptant même celle qui était la plus odieuse au peuple français, bourgeois, ouvriers et paysans, parce qu'elle semblait nier et effacer les plus légitimes conquêtes de la Révolution.

Mais ces tentatives échouèrent misérablement grâce aux divisions intestines des fauteurs de monarchie, au nombre des prétendants, et aussi à l'énergie de l'opinion républicaine qui était généralement répandue dans toutes les grandes villes de France, et dans un grand nombre de petites et même de campagnes.

Bientôt cette Assemblée, si brusquement élue par une population affolée par ses désastres, perdit toute influence et tout crédit dans le pays. Sommée de se dissoudre par des millions de pétitionnaires, elle dut se retirer pour faire place à une véritable Constituante.

Cette Constituante se trouva très-heureusement composée de toutes les nuances du parti républicain. Mais celle qui dominait sans conteste c'était la véritable opinion démocratique, également éloignée des frayeurs bourgeoises et des appétits trop exclusifs des sectes socialistes. La Constituante inscrivit dans son œuvre le suffrage universel, l'institution d'un pouvoir exécu-

tif issu d'une Assemblée législative, renouvelable tous
les quatre ans ; l'Instruction laïque, gratuite et obligatoire, la liberté de la presse, la liberté de réunion,
toutes deux mitigées par le respect des lois ; l'organi-
sation des libertés départementales et cantonales et
non communales, car ce serait tomber dans l'émiette-
ment de l'administration ; la Centralisation politique et
financière, la liberté d'association et la liberté de l'en-
seignement, la séparation de l'État et des religions reconnues absolument indépendantes et libres, toujours
sous la réserve du respect des lois civiles.

Dès ce moment, la France entra à pleines voiles
dans l'ère du progrès et des réformes pacifiques. On
n'entendit plus parler d'émeutes, ou s'il y eut quelques troubles fomentés par les débris des partis monarchiques, ils furent promptement réprimés. Une
armée vraiment nationale et populaire fut reconstituée,
car on prévoyait bien que les ennemis extérieurs de la
République tenteraient de nouvelles agressions. Nous
verrons plus loin comment tous les citoyens étant ou
pouvant devenir soldats, il n'y en eut bientôt qu'un
nombre très-restreint pour lequel le service militaire
restât définitivement une carrière.

La justice fut complétement réorganisée. Le jury
fonctionna à tous les degrés et les juges nommés à
l'élection n'eurent plus d'autre mission que d'appli-
quer la loi.

L'assiette des impôts subit aussi des modifications
radicales. Il n'y eut plus que trois sortes d'impôts :
1° sur le revenu ; 2° sur les mutations de propriété
foncière ou mobilière ; 3° sur les héritages.

Les travailleurs éclairés par des discussions pacifiques ne songèrent plus qu'à s'unir et à s'associer paisi-
blement pour maintenir leurs droits, sans faiblesse et
sans exagération. Ils renoncèrent à ces rêves d'égalité
absolue, de communisme, d'abolition de la propriété
et du capital, qui n'étaient que le résultat d'une civilisation corrompue.

Ils comprirent que l'initiative individuelle étant un
des plus actifs ressorts de la prospérité des nations et

des progrès industriels, scientifiques et littéraires, cette initiative ne peut être remplacée par rien. Elle suscite des compétitions, des rivalités parfois fâcheuses, mais la somme du bien qu'elle produit l'emporte de beaucoup sur le mal. D'ailleurs avec l'instruction gratuite, avec l'éducation professionnelle, il y a place dans une République pour tous les efforts et pour toutes les intelligences.

La République française encore imparfaitement organisée à ses débuts, écrasée par les charges du passé, offrit donc, en peu d'années, l'exemple d'un État riche et florissant, dans lequel le travail était honoré, la propriété respectée et où le sentiment religieux même, affranchi de tout fanatisme, se répandait en s'épurant et en s'éclairant.

Mais l'heure des épreuves n'était pas encore complétement passée, car cette prospérité d'une République au centre de l'Europe devait exciter la haine des monarques des autres États qui se voyaient menacés par la propagande pacifique des idées.

CHAPITRE III.

LA RÉPUBLIQUE EN EUROPE.

Vers 1876, deux grands États du midi mécontents de leurs gouvernements renversèrent la monarchie. C'étaient l'Italie et l'Espagne, à laquelle se joignit bientôt le Portugal pour former la République Ibérique.

Il serait superflu d'entrer dans le détail de ces révolutions qui s'effectuèrent facilement et sans grandes luttes, le terrain étant admirablement préparé. Bientôt une alliance fut conclue entre les quatre républiques, car la Suisse y accéda naturellement non par voie de traités diplomatiques, comme cela se passait dans les monarchies, mais par la nomination d'une sorte de congrès élu, dans chaque pays, par les assemblées nationales. La France, l'Italie et l'Ibérie (Espagne-Portugal) désignèrent chacune vingt membres et la Suisse dix pour former ce congrès qui devait s'assembler tantôt à Paris, tantôt à Rome ou dans toute autre ville désignée à l'avance par le Congrès.

Bientôt la Belgique et la Hollande menacées par la Prusse — le Danemark et la Suède menacés par la Russie — les principautés Danubiennes menacées par l'Autriche, donnèrent des symptômes d'agitation et leurs monarques mêmes favorisèrent la propagation de l'idée républicaine.

On en sut bientôt le motif. On apprit en effet que les trois grandes monarchies du nord : la Russie, la Prusse et l'Autriche avaient formé une alliance pour l'absorption de ces petits États, pour le partage de la Turquie d'Europe et enfin pour la ruine de la fédération des quatre républiques du centre et du midi de l'Europe.

On soupçonna bientôt que l'Angleterre venait d'accéder à cette ligue, à la condition que, la France étant démembrée, on lui donnerait un bon pied sur le continent avec des ports à sa convenance.

Bien entendu tous ces faits n'apparurent pas d'abord clairement, car ils étaient voilés par les artifices de la diplomatie. Mais les préparatifs militaires des monarchies en dirent plus long que tous les protocoles.

Les monarchies, avant de procéder aux partages qu'elles avaient en vue, se proposèrent de mettre à la raison la fédération républicaine. Elles firent de longs et formidables préparatifs de guerre et enfin, dans le printemps de 1880, les masses russes, prussiennes et autrichiennes s'ébranlèrent, tandis que la flotte britannique se préparait à agir dans la Manche et la Méditerranée.

Le Congrès fédéral des quatre républiques ne se trouva pas pris au dépourvu et la France, la Suisse, l'Italie et l'Ibérie appelèrent sous les armes tous leurs

citoyens et armèrent leurs nombreux bâtiments. La
Belgique, la Hollande et le Danemark se tinrent prêts
à les seconder.

Les forces n'étaient point égales, loin de là, mais le
Congrès fédéral savait que la propagande républicaine
avait fait de grands progrès dans les pays monarchiques et que les peuples étaient tout disposés, à la première occasion favorable, à secouer le joug de leurs
tyrans.

Cette occasion ne naquit point du hasard, mais elle
fut préparée habilement et secrètement par le Congrès
fédéral des républiques alliées. A peine en effet l'état
de guerre fut-il déclaré entre ces républiques et les
monarchies, à peine eut-on signalé l'invasion immi-
nente des troupes allemandes en France et en Hollande, celle des troupes autrichiennes en Italie, pendant que les troupes russes s'avançaient pour appuyer
ce double mouvement et que deux flottes anglaises
allaient bloquer l'une Toulon et l'autre Anvers ; à
peine ces faits commencèrent-ils à se dessiner, qu'on
apprit tout à coup qu'une alliance offensive et défensive
avait été conclue entre les quatre républiques d'Europe et les États-Unis de l'Amérique du Nord.

Bientôt de nombreux vaisseaux sortant des différents ports de l'Union américaine formèrent trois
grandes flottes auxquelles allaient se réunir celles de
France, d'Espagne et d'Italie. Deux armées d'invasion,
fortes chacune de trente mille hommes furent jetées
sur les côtes d'Irlande et d'Angleterre, et les marines
des Républiques se montrèrent à Toulon, à Anvers et
devant Constantinople, tandis qu'une flotte nombreuse
entrait dans la Baltique. Les troupes françaises sou-
tenues par des corps auxiliaires d'Espagne et des
Etats-Unis entrèrent dans les anciens départements de
la Lorraine et de l'Alsace, dont les populations se sou-
levèrent aussitôt avec un irrésistible élan contre la
domination des conquérants de 1870.

Le roi d'Angleterre effrayé, rappela ses flottes pour
repousser la double attaque qui était dirigée contre ses
Etats. Les empereurs d'Autriche et d'Allemagne vou-

lurent se mettre sur la défensive, et le czar de Russie hésita à s'aventurer plus avant au milieu de contrées hostiles.

Tout à coup des révolutions éclatèrent simultanément dans tous les Etats allemands et dans ceux de l'Autriche. Des mouvements populaires eurent lieu à Berlin et à Vienne mêmes, car les présidents des Républiques alliées avaient fait connaître qu'ils voulaient affranchir les peuples et non pas entreprendre une guerre de conquête et de spoliation. D'ailleurs, comme nous l'avons dit précédemment, le terrain était tout préparé.

L'état républicain s'établit partout et les différentes nations reprirent leur autonomie pour se réunir ensuite par un pacte volontaire. On vit ainsi ressusciter la Pologne, se reconstituer la Hongrie et la Bohême. On consulta les populations de la Lorraine ou de l'Alsace, pour savoir si elles voulaient se constituer en Etat indépendant, ou faire partie soit de la République allemande, soit de la République française. Elles voulurent que leur pays reprît les noms et les limites des départements français, tels qu'ils étaient avant la guerre de 1870.

Le mouvement ne s'accentua pas avec la même énergie en Russie et en Turquie, et l'on s'en remit au temps du soin d'éclairer les populations. Le czar et le sultan s'estimèrent heureux d'accepter une paix qui leur permettait de garder encore quelques années leur trône déjà battu en brèche par la propagande républicaine, et leurs Etats diminués des provinces déjà mûres pour l'affranchissement.

En Angleterre la révolution fut terrible, car il fallut arracher la possession du sol à une aristocratie sans entrailles. Mais en moins de deux ans, l'Ecosse, l'Irlande et l'Angleterre formèrent une confédération, sous le nom de République Britannique.

Les rois de Belgique, de Hollande, de Danemark et de Suède gardèrent encore quelques années leurs trônes, mais ils y renoncèrent bientôt volontairement, forcés de reconnaître que le temps des priviléges monarchiques était à jamais passé et préférant devenir les premiers citoyens plutôt que les tyrans de leurs pays.

Ces révolutions ne s'accomplirent pas, comme bien on pense, avec la même facilité que des changements à vue sur un théâtre. Cependant il ne fallut pas plus de cinq à six ans pour les mener à bien, et s'il y eut, dans divers Etats, des troubles plus ou moins sérieux, causés tantôt par la trop grande impatience des réformateurs, tantôt par la résistance des monarchistes, ils furent vite apaisés, grâce surtout à l'intelligente intervention du Congrès fédéral européen.

Enfin tous ces changements ayant eu lieu et la République étant organisée partout sur le plan des républiques de France, d'Espagne, d'Italie et de Suisse, on songea à les réunir par un pacte solennel, et les Etats-Unis d'Europe se trouvèrent régulièrement constitués sur les bases que nous poserons ci-après.

CHAPITRE IV.

LA CONSTITUTION FRANÇAISE.

Toutes les républiques européennes n'adoptèrent pas la même constitution intérieure. Il y en eut qui furent fédératives comme l'Angleterre et l'Allemagne, d'autres unitaires comme la France et l'Italie. Dans quelques-unes il y eut un sénat, comme aux Etats-Unis, dans d'autres il n'y eut qu'une assemblée. Ne pouvant entrer dans tous ces détails, nous parlerons seulement de la constitution française. On y confia la puissance législative à une assemblée renouvelable tous les quatre ans. Cette assemblée avait la mission d'élire le Président de la République qui conservait aussi ses fonctions quatre ans et qui avait un droit de *veto* semblable à celui qu'exerce le président des États-Unis.

Le premier président n'avait été élu que pour deux ans, de sorte que les élections des présidents se faisaient toujours à la fin de la seconde année d'existence de chaque législature. Nul ne pouvait être réélu président avant un intervalle de quatre ans.

Le président choisissait les hauts fonctionnaires de l'État, et notamment les ministres qui n'avaient pas leur entrée à l'assemblée, à moins d'une autorisation spéciale.

Le pouvoir judiciaire était constitué d'après des règles très-précises et d'ailleurs le jury fonctionnait en matière civile, criminelle et correctionnelle, sauf la juridiction des juges de paix qui comprenait aussi bien les petites contraventions que les litiges de faible importance entre les particuliers.

Les préfectures étaient conservées, mais les préfets avaient des fonctions purement administratives. Les communes avaient leurs maires et leurs conseils municipaux, mais s'il y avait toujours un maire par commune, celles qui avaient une population au-dessous de 6000 âmes, devaient s'agglomérer pour former un canton ayant alors un conseil cantonal, faisant fonctions de conseil municipal pour les diverses communes de l'agglomération.

Les sous-préfectures avaient disparu et par conséquent les conseils d'arrondissement. Il y avait toujours les conseils généraux, mais on les nommait des commissions départementales et leurs attributions étaient exclusivement administratives. Ces fonctions étaient rétribuées, car elles n'étaient pas simplement honorifiques et demandaient des études et du travail. L'armée maintenue sur un pied formidable, tant que les monarchies étaient debout en Europe, fut réduite à 25 000 hommes pour toute la France, non compris la gendarmerie. Le service intérieur des villes était fait par un corps de police respectable dans les grandes villes et par une partie du contingent départemental. Le service militaire était d'ailleurs personnel et obligatoire, et bien que l'état militaire ne fût plus regardé comme une carrière spéciale, des exercices, des revues, des tirs auxquels étaient successivement astreints tous les citoyens, empêchaient la nation de s'amollir et de s'efféminer.

Le commandant en chef était nommé par le Président, mais il fallait que sa nomination fût ratifiée par l'Assemblée.

Les grades étaient électifs jusqu'à celui de capitaine exclusivement. Les officiers, à partir du grade de capitaine, étaient nommés par le Président sur la présentation du commandant en chef qui lui-même était obligé de se conformer à des règlements précis et sévères. D'ailleurs nul officier ne pouvait être nommé à un grade supérieur avant d'avoir subi un examen à la suite duquel on lui délivrait un brevet d'aptitude. Il en était ainsi jusqu'au grade de général de brigade dans l'armée de terre et de contre-amiral dans la marine. Ainsi aucun sous-officier ne pouvait être promu sous-lieutenant s'il n'avait en poche le certificat d'aptitude à ce grade, il en était de même de tous les grades et ceux dont les examens avaient été les plus brillants obtenaient la préférence sur leurs concurrents pour la nomination à un grade plus élevé.

Le Socialisme avait cessé d'être un parti. Il était redevenu ce qu'il avait toujours été réellement : UNE SCIENCE dont les applications passaient de la théorie à la pratique par voie législative, lorsqu'elles étaient reconnues praticables par la majorité.

Les problèmes d'ailleurs n'étaient plus les mêmes. La liberté des échanges internationaux, l'abolition des douanes, des octrois, des impôts indirects et l'établissement, comme il a été dit plus haut, de trois impôts : 1° sur le revenu ; 2° sur les héritages ; 3° sur les mutations de la propriété mobilière ou immobilière, avaient réalisé le problème de la vie à bon marché. Il n'y avait pour ainsi dire plus de pauvres, parce que si les salaires étaient peu élevés, ils permettaient cependant aux ouvriers et aux employés de subvenir à tous leurs besoins.

On ne leurrait plus ces deux classes de citoyens de l'espoir chimérique d'être associés à tous les bénéfices des entreprises, des spéculations, des fabriques, parce qu'on leur avait fait comprendre qu'il y avait des chances de perte à courir et non pas seulement des chances de bénéfice. On leur avait prouvé que le capital ne consistait pas uniquement dans un certain apport de fonds, mais qu'il était représenté par l'entente des affaires, le génie commercial ou industriel et le crédit, toutes choses individuelles et non collectives.

On avait vu s'établir de nombreuses sociétés ouvrières et il y avait même des banques qui les commanditaient. Mais il s'en faut de beaucoup que toutes les branches d'industrie se prêtent à de telles associations. La solution de ce qu'on nommait *les questions sociales,* en 1848 et en 1870, était venue ou venait peu à peu d'une façon très-différente de ce qu'on croyait alors. Les grandes fortunes tendaient à une certaine égalisation, par conséquent le luxe avait fait place à une grande simplicité de mœurs. Les grands travaux d'intérêt général et l'émigration, à l'intérieur dans les campagnes, à l'extérieur dans les contrées qui manquaient d'habitants, étaient les deux grands préservatifs contre la misère.

Il ne faut pas croire que l'absence ou la diminution du luxe individuel entravait la production des œuvres d'art ni des œuvres scientifiques ou littéraires, car l'instruction répandue partout avait donné au peuple le goût des belles et des bonnes choses.

Le luxe était donc devenu collectif. On créait partout des bibliothèques et des musées, on embellissait les villes grandes ou petites, les campagnes mêmes où la vie intellectuelle pénétrait peu à peu. Ainsi on avait emprunté au communisme son côté sage et pratique et on en avait abandonné les chimères dangereuses ou ridicules. On avait renoncé à cette égalité absolue qui serait la ruine de toute civilisation et la mort de toute initiative individuelle, mais l'égalité des droits et l'égalité des devoirs était complète entre tous les citoyens.

Ces changements dans les mœurs et dans les goûts de la nation n'avaient pas été improvisés du jour au lendemain ni été imposés par une surprise ou par la violence. Ils étaient le fruit de vingt ans de sagesse, de législation progressive. C'est pourquoi tout le monde les approuvait. Ils en présageaient peut-être de plus notables encore, car on était sur la voie d'un progrès indéfini.

Telle était la situation de la France en 1892 et elle était à peu près la même dans tous les États d'Europe. La Turquie était pourtant la moins avancée et la Russie restait encore assez éloignée de ce mouvement général. Nous en parlerons plus loin. Dans ce chapitre, il n'est question que de la France qui, désormais à l'abri des tentatives de restaurations monarchiques ou de révolutions populaires, avait en vingt ans éteint presque toutes ses anciennes dettes et marchait librement dans les voies de la paix, de la liberté, de la vertu et du bonheur social.

CHAPITRE V.

LES TROIS IMPOTS.

L'impôt, dans une République, doit remplir un double but : d'une part subvenir aux dépenses de l'Etat, être collectif qui embrasse l'universalité des citoyens ; d'autre part, égaliser les charges proportionnellement aux ressources de chacun. Il faut que la propriété subvienne aux dépenses publiques et il est pourtant utile et nécessaire que tout citoyen y participe dans une mesure quelconque.

Ce double objet a semblé devoir être atteint par les trois impôts suivants :

1° Impôt sur le revenu.

2° Impôt sur la transmission des propriétés mobilières ou immobilières.

3° Impôt sur les héritages.

L'impôt sur le revenu doit être, non-seulement proportionnel, mais encore jusqu'à un certain point progressif; on peut le fixer ainsi qu'il suit :

De 1/2 0/0 l'an sur tout revenu ou salaire au-dessous de 1000 francs.

De 1 0/0 sur tout revenu ou salaire de 1000 francs à 3000 francs.

De 2 0/0 sur tout revenu ou salaire de 3000 fr. à 6000 francs.

De 3 0/0 sur tout revenu ou salaire de 6000 francs à 10 000 francs.

Enfin on résolut d'élever cet impôt de 1 0/0 par chaque 5000 francs d'augmentation du revenu jusqu'à un revenu de 30 000 francs, au-dessus duquel l'impôt s'élèverait de 1 1/2 0/0 jusqu'à 40 000 francs de revenu, de 2 0/0 jusqu'à 60 000 et de 5 0/0 jusqu'à 100 000 francs, enfin de 10 0/0 au-dessus de 100 000 francs. Mais l'augmentation ne porterait que sur la somme dépassant le minimum de chaque classe; ainsi un revenu de 100 000 francs payerait :

1/2 0/0	sur	1 000 fr.......... ..	5 fr.
1 0/0	sur	3 000 fr.............	30 fr.
2 0/0	sur	6 000 fr..	120 fr.
3 0/0	sur	10 000 fr............	300 fr.
4 0/0	sur	15 000 fr............	600 fr.
5 0/0	sur	20 000 fr............	1000 fr.
6 0/0	sur	25 000 fr............	1500 fr.
7 0/0	sur	30 000 fr............	2100 fr.
		110 000 fr. Impôt...	5655 fr.
Revenu 10 0/0	sur	10 000 fr.	1000
			6655 fr.

Il faut de plus que tout citoyen soit officieusement porté sur les listes pour un minimum de 200 fr., frappé d'un droit de 1/2 0/0, soit *un franc* pour l'année.

L'impôt sur la transmission des propriétés mobi-

lières et immobilières existant déjà, il a suffi d'en déterminer la qualité et la proportionnalité.

Il en est de même de l'impôt sur les héritages qui
devrait être établi sur les mêmes bases.

On a laissé cependant substituer dans les villes l'impôt des loyers et l'impôt de la patente, car il est juste
que l'habitant des villes paye le luxe dont l'habitant
des campagnes est nécessairement privé et subvienne
aux dépenses spéciales de voirie et de police qui in-
combent à toutes les villes.

Ces trois impôts, joints à ceux des loyers et des pa-
tentes ont permis de supprimer les octrois et tous les
impôts indirects, sauf la régie des tabacs que l'on a dû
conserver provisoirement, jusqu'à parfaite extinction
de la dette publique.

Ainsi les objets de consommation étant dégrevés de
toute taxe réalisent le problème de la vie à bon marché,
et l'ouvrier n'étant plus aiguillonné par des nécessités
impérieuses qui rendent indispensable l'augmentation
de son salaire, il s'est borné à vouloir la réduction des
heures de travail, car il paraît qu'une journée de huit
heures est tout ce que l'homme peut consacrer au travail sans épuiser ses forces et sans atrophier son intelligence. Mais la propriété, supportant presque tout le
poids des charges publiques, a cessé d'être un objet
de haine et d'envie pour ceux qui ne possèdent rien.

Sans viser à l'égalisation des fortunes, ce qui est absurde et chimérique, on peut désirer que la loi oppose
une certaine résistance à la concentration de richesses
trop considérables dans une même famille ou chez un
seul individu. Les grandes richesses sont partout cor-
rélatives aux grandes misères, et l'on peut affirmer que
le luxe exagéré de quelques-uns est toujours en raison
directe de la misère de la masse.

Le système d'impôts que l'on vient d'esquisser semble
donc équitable et rationnel à tous les points de vue.
Il pèse sur la propriété sans menace, apporte un
adoucissement immédiat au sort des classes laborieuses
dans les villes et dans les campagnes, et prépare cet
avenir de concorde et de prospérité vers lequel les so-

ciétés doivent tendre incessamment, avec l'espoir d'y
arriver peu à peu, sans qu'il soit besoin d'arroser de
nouveau d'un sang généreux la grande route du progrès.

CHAPITRE VI.

LES ÉTATS-UNIS D'EUROPE.

Un philosophe peut se déclarer citoyen du monde.
Mais la politique ne vit pas d'abstractions et ne sau-
rait accepter des principes absolus, parce qu'elle tient
compte de la réalité des choses et des aspirations aussi
bien que des faiblesses et des préjugés inhérents à
l'homme. Or, il n'y a pas de citoyens sans patrie et
point de république sans citoyens.

Si vous restreignez aux simples proportions d'une
Commune la solidarité des intérêts, vous rapetissez
l'homme, vous l'affaiblissez en l'isolant. Si vous éten-
dez au delà des limites de la compréhension, de l'intelligence et des forces humaines, cette solidarité,
vous la rendez illusoire et vous ouvrez la porte à l'é-
goïsme.

D'ailleurs, l'idée de la patrie ne s'invente pas, ne
s'improvise pas et ne se remplace pas. Une fois entrée
dans le cœur des hommes, il est presque impossible
de l'extirper, mais elle n'y pénètre qu'à la suite d'une
combinaison d'événements qui se développent dans une
longue suite d'années.

Cette idée de la patrie relie des millions d'hommes
en France, en Allemagne, en Italie, en Espagne, en
Angleterre. Elle est extrêmement vivace chez des peuples peu nombreux, tels que les Suisses, les Grecs, les
Danois, les Suédois, les Irlandais et les Polonais. Elle
existait à peine en Autriche, en Belgique pays artifi-
ciels, engendrés par la diplomatie. Les diverses répu-

bliques, en se constituant, ont donc pris cette idée de la patrie pour une de leurs bases fondamentales, ce qui ne les a pas empêchées de solidariser leurs intérêts tout en conservant leurs nationalités.

Ainsi les diverses républiques européennes, fondées sur des principes identiques, ont pourtant chacune leur originalité et leur nationalité. On a vu s'établir successivement :

La république Suisse.
La république Française.
La république Italienne.
La république Ibérique.
La république des Iles-Britanniques.
La république Allemande.
La république Hongroise.
La république de Bohême.
La république Hollandaise.
La république Danoise.
La république Grecque.
La république Suédo-Norwégienne.
La république Polonaise.
La république Moldo-Valaque.

Ce n'est que vers l'année 1880 que le mouvement républicain a commencé à s'accentuer en Russie et en Turquie. Toute la partie européenne de la Turquie et une portion de la partie européenne de la Russie se sont définitivement constituées en République vers 1885, et c'est d'ailleurs dans l'ignorance et le fanatisme des populations que cette constitution a rencontré de la résistance, plutôt que dans les vains efforts de monarchies décrépites et isolées.

Nous ne saurions raconter la façon dont ces diverses transformations ont eu lieu. Notons seulement quelques modifications territoriales assez intéressantes.

Toute la partie française de la Belgique s'est incorporée à la France ; l'autre s'est unie à la Hollande.

La république Allemande est formée de tous les États englobés par la Prusse et de la partie Allemande qui appartenait à l'Autriche. mais tout en n'ayant qu'un Congrès et un président, l'Allemagne est divisée en quatre États, ayant leurs gouverneurs élus et leurs législatures distinctes. Ce sont : l'Etat Prussien, le Bavarois, le Hanovrien et l'Autrichien. Le Luxembourg fait partie de l'Allemagne, mais presque tout le Tyrol s'est relié à l'Italie. Là Grèce comprend l'Ile de Candie et toutes les Iles de l'Archipel. Le Holstein est avec le Danemark et la Finlande une province de la république Suédo-Norwégienne. La Pologne comprend l'ancien duché de Posen et l'ancienne république de Cracovie.

Au fur et à mesure que ces Républiques s'organisaient, elles envoyaient leur adhésion à la fédération des Etats-Unis d'Europe qui s'est définitivement constituée le 4 juillet 1887 sur les bases suivantes :

FÉDÉRATION EUROPÉENNE.

1. — Il est formé entre toutes les Républiques européennes une fédération dans le but de prévenir le retour de ces guerres de conquête ou de religion qui, pendant une longue suite de siècles, ont fait de l'Europe un vaste champ de carnage.

2. — Cette fédération a pour lien un Congrès auquel chaque République enverra un certain nombre de délégués, à raison d'un par million d'habitants, sans que les grandes puissent en avoir plus de 25 et les petites moins de 10.

3. — Ces délégués sont choisis par les Assemblées législatives de chaque République. Ils sont élus pour trois ans. Ils sont révocables et rééligibles par les Assemblées qui les ont nommés.

4. — Le Congrès fédéral choisit dans son sein un président, un vice-président et des secrétaires d'Etat, lesquels sont chargés d'instruire les affaires et de faire exécuter les décisions du Congrès.

5. — Ce Congrès a pour mission :

1° De déterminer les forces militaires de chaque République ;

2° De terminer les différends qui peuvent s'élever entre les Etats.

3° De faire des lois relatives au commerce et à l'industrie des nations ;

4° De veiller à ce qu'aucune République ne s'écarte dans ses lois intérieures des principes posés dans une déclaration de droits et de devoirs qui a été acceptée par tous les Etats ;

5° De prendre toutes les mesures qui peuvent assurer, dans toutes les parties du monde, le règne du progrès, de la tolérance, du travail et de la paix, au moyen d'institutions républicaines adaptées aux mœurs, usages, coutumes et religions des différents peuples.

6. — Le Congrès a le droit de faire appel aux milices des Etats de la fédération, soit pour faire exécuter ses décisions, soit pour entreprendre à l'extérieur des expéditions utiles aux intérêts ou a l'honneur de la fédération.

7. — En attendant qu'une ville soit affectée à la résidence du Congrès ou spécialement bâtie pour cet objet dans une situation centrale, le Congrès se réunira chaque année dans une des capitales de la fédération.

8. — Le Congrès désignera entre toutes les langues européennes celle qui devra servir à ses discussions intérieures et à ses relations avec les Républiques fédérées.

9. — Il y aura pour toutes ces Républiques unité

de poids et de mesures, unité de monnaie, unité de législation criminelle et commerciale.

Tels étaient les principaux articles du pacte fédéral, les autres n'ayant guère d'autre but que d'en assurer l'application. Ainsi, par exemple, lorsque la majorité de l'assemblée législative d'une République adoptait une loi, la minorité, pourvu qu'elle fût au moins du quart des membres de cette assemblée, pouvait en demander l'annulation au Congrès pour violation des principes républicains ou du droit naturel.

On comprend maintenant toute l'économie des institutions républicaines de l'Europe dont on fêtait pour la cinquième fois, en 1892, l'établissement définitif. Il serait superflu d'en exposer les résultats bienfaisants. Ces résultats s'imposent d'eux-mêmes à l'esprit de tout homme de bonne foi.

CONCLUSION.

Eh bien! Voyons, tout cela n'est-il, ne peut-il être que le rêve insensé d'un cerveau malade? L'Europe n'est-elle point mûre pour une pareille transformation?

Ah! si l'ignorance et le fanatisme ne travestissaient pas les leçons de l'histoire, si l'histoire elle-même n'était pas systématiquement falsifiée, est-ce qu'il y aurait en Europe un État, un homme qui n'accueillît avec transport cette transformation politique et sociale de notre malheureux continent? Bien malheureux en effet, car sans remonter au moyen âge, aux guerres et aux déprédations de la féodalité, que voyons-nous depuis le règne de Louis XIV? Ne sont-ce pas des guerres dynastiques, des guerres de religion, des guerres de conquête, tantôt écloses dans les mystères des chancelleries, tantôt préparées dans les alcôves des femmes et même des maîtresses des rois? Guerre de Trente ans, guerre de Sept ans, massacre dans le Palatinat et dans les Cévennes! Invasion de la France préparée, secondée par Louis XVI, guerres de l'Empire, seconde et troisième invasion, enfin après un repos de quelques années, nouvelles entreprises de Bonaparte contre la

Russie, l'Autriche et le Mexique (sans compter la Chine et la Cochinchine), guet-apens de l'Autriche et de la Prusse contre le Danemark, guerre de la Prusse contre l'Autriche et enfin guerre du roi Guillaume contre Bonaparte.

Qui pourrait compter les cadavres semés sur tous les points de l'Europe? Qui pourrait compter les crimes, les attentats, les vols, les assassinats commis sous prétexte de guerre, par les armées des rois et des empereurs?

Et ce passé de l'Europe monarchique, c'est fatalement son avenir, tant que ces empereurs et ces rois seront sur leurs trônes, entourés de gens avides de titres et d'argent. Au moment où cette brochure s'imprime, les plans les plus perfides, les projets les plus sanguinaires, se nouent secrètement entre la Prusse, l'Autriche et la Russie unies ou divisées. Qui peut prévoir ce qui se prépare en Orient et quel sera le rôle de l'Angleterre? Enfin supposez que quelque nouveau Deux-décembre élève sur les ruines de la République Française une des trois ou quatre dynasties qui aiguisent leurs armes dans l'ombre comme des détrousseurs de grands chemins, est-ce que le nouveau monarque, quel qu'il soit, pourra ne pas vouloir prendre coûte que coûte contre la Prusse une sanglante revanche des massacres, des vols, du pillage, de l'invasion scélérate de 1871 ?

Ce serait tout à la fois son devoir et son intérêt, car c'est seulement à cette condition qu'il pourrait avoir quelque chance de se maintenir.

Or, si cette revanche est heureuse, c'est le renouvellement en Prusse, par les armées françaises, des crimes commis en France par les soldats de Guillaume. C'est un nouveau pacte de sang pour l'Europe, car on peut croire que, cette fois, les autres puissances n'assisteraient pas impassibles à ce duel horrible.

Si cette revanche échouait et tournait au détriment de la France, c'est sa ruine irrémédiable, sa chute définitive, son dépècement entre trois ou quatre oiseaux de proie se disputant son cadavre ; *finis Galliæ.*

Tel serait certainement l'avenir inévitable et très-prochain de l'Europe monarchique. La République seule peut tout réparer, sans ensanglanter les annales européennes, sans détruire la civilisation et sans enrayer le progrès.

Toutes ces choses sont tellement claires que ce serait faire injure au lecteur que de les entourer de plus longues considérations. Cela n'empêchera pas sans doute les conspirateurs monarchiques de nouer leurs intrigues, car ils sont poussés par un fanatisme religieux implacable et aveugle.

Mais peut-être que notre travail en mettant en relief des idées simples et justes servira d'avertissement aux hommes de raison et de bonne foi. Ils comprendront que la République peut seule assurer l'ordre et la paix, aussi bien que la liberté et le travail. Ils comprendront que les faux systèmes, les appétits désordonnés naissent de l'oppression monarchique et non du système républicain dont l'éclat fait, comme la lumière, évanouir les fantômes et les visions.

Le petit livre que nous offrons au public est aujourd'hui fort en avant des événements ; il semblera bien hardi à beaucoup de gens, mais nous avons la conviction profonde que, dans peu d'années, si la République s'établit définitivement en France, les événements que nous venons de relater à l'avance s'accompliront de façon ou d'autre.

Et quand bien-même, par un nouvel attentat et par

de nouveaux crimes, l'Europe monarchique viendrait à se reconstituer, ce ne serait encore qu'un retard dans l'accomplissement des destinées de l'Europe, qui désormais engagée dans la voie démocratique, peut bien s'y attarder, mais ne doit plus jamais en sortir.

En effet, rien de plus facile que de faire un roi ou un empereur des Français. Mais rien de plus impossible que de l'entourer d'institutions monarchiques sans lesquelles nul trône ne peut rester debout. L'épreuve en a été tentée de 1830 à 1848 et elle a eu la fin que l'on connaît.

Toutes les formes monarchiques ont été vainement essayées en France — toutes sont également impossibles. La République doit donc les remplacer, et dès lors la formation des États-Unis d'Europe n'est plus qu'une question de temps. Nous avons estimé qu'il fallait pour cela de cinq à six ans; aujourd'hui le lecteur jugera peut-être que ce n'est guère, mais qui sait si d'ici à demain on ne s'accordera pas à trouver que c'était trop.

Paris. — Typographie Lahure, rue de Fleurus, 9.